Lucy Rovira

La Vida es Poesia

Lucy Rovira

La Vida es Poesia

Vive tu vida, vive tu poesía, alimenta tus días ponle melodías, te aseguro que cambiarás y que estarás lleno de alegrias

JustFiction Edition

Imprint

Cover image: www.ingimage.com

Publisher:
JustFiction! Edition
is a trademark of
International Book Market Service Ltd., member of OmniScriptum Publishing Group
17 Meldrum Street, Beau Bassin 71504, Mauritius

Printed at: see last page
ISBN: 978-620-0-48861-9

La vida es poesía.

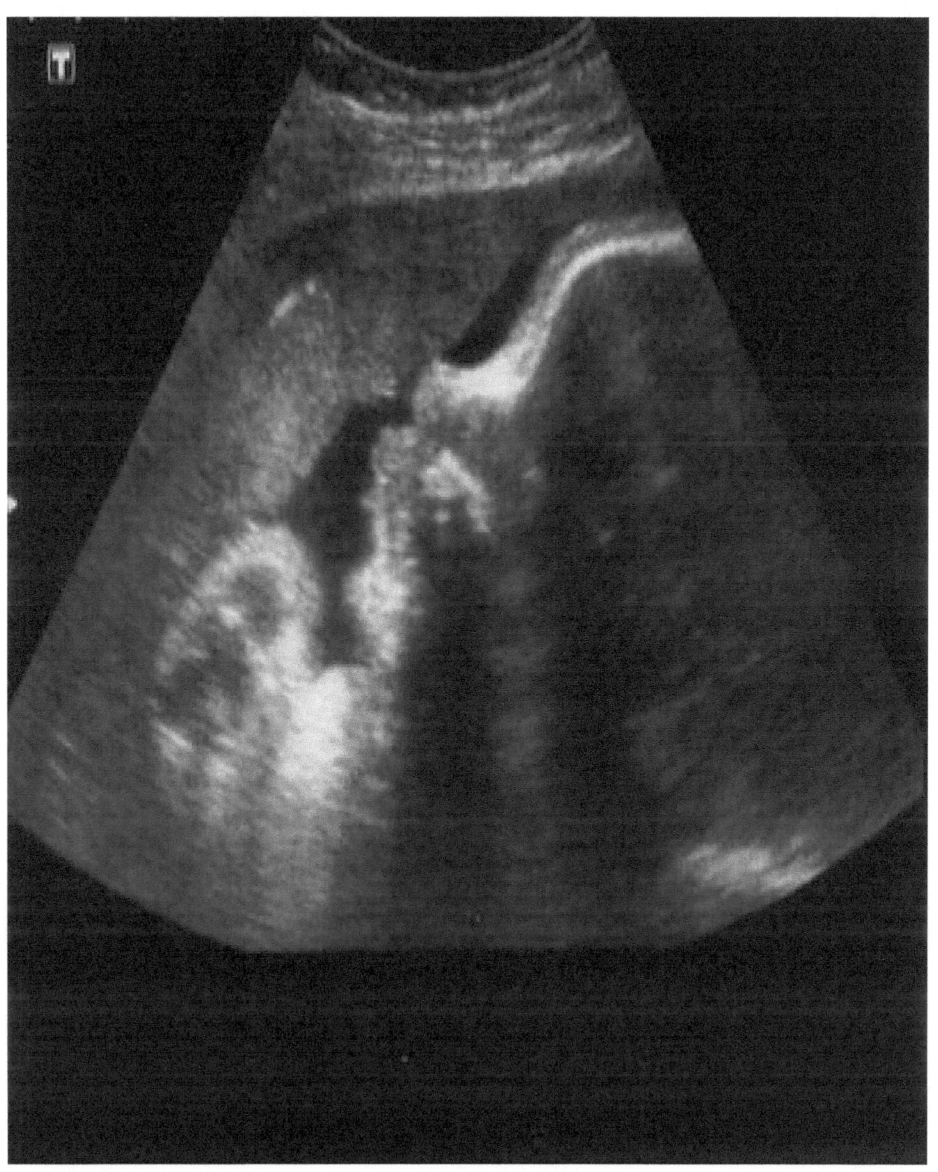

Índice

Presentación

La vida es poesía, *nos muestra que todo a nuestro alrededor es una canción. Cada momento que pasamos, es motivo de inspiración, cada acontecimiento sea bueno o malo, merece nuestra atención. Un nacimiento, un engaño, los sucesos, los encuentros, los encantos todo en la vida nos motiva con gran emoción y es la perfecta combinación para escribir cada detalle que nos muestra nuestro creador. Vive tu vida, vive tu poesía, alimenta tus días ponle muchas melodías, te aseguro que cambiarás y que estarás lleno de alegrías.*

Agradecimientos

Dios, te agradezco siempre todas las cosas que recibo

Y en el nombre de **Jesús,** te agradezco por este libro.

Dios, mi gratitud es grande, pues iluminas mi camino

y agradezco cada día, hasta el aire que respiro.

Dedicatoria

Mi viejo te dedico este libro, aunque vivas en el cielo.

Sé que estas en mi vida, llevando cada movida.

Papi este es tu sueño, el mío con más anhelo. En ti me inspire muchas veces, de ti herede estos intereses.

Hoy dedico este libro a quienes motivan mi corazón, a **Dios**, a mi viejo y a mis hijos, los dueños de todo mi amor…

A quien por mi todos los días Oraba y hoy también partió al cielo

A mi Tata mi abuela amada que a sus nietos también amaba.

Oswaldo Rafael Mendoza Escorcia Q.E.P.D

Carmen Sofía Jaimes de Mendoza Q.E.P.D

Aldair Alfonso Alarcón Rovira

Hugo Junior Escorcia Rovira

Aarón Cristiano Escorcia Rovira

Y al que conmigo es uno solo Hugo Escorcia.

La vida es poesía

Increíble el nacimiento
increíble el procedimiento
Cuando a nuestra vida llega
un verdadero ser perfecto.
Porque cuando Dios lo pone en nuestro cuerpo
nos manda el paquete completo
amor, razón, sentimientos
son muestras de agradecimientos.
Doy gracias a la vida
por ser parte del sistema
por entregar a la naturaleza
este sentimiento y su grandeza.
A todas las mujeres
Dios nos dio ese don
de ser madres de hombres
de países y de nación.
A mis hijos doy gracias
por llenarme del amor
que por ellos hoy siento
y que es mi vocación.

Añoranzas

El tiempo ha surcado tu faz
se apaga el fulgor de tus miradas
las huellas de tu rostro me lo dicen
la tarde se hizo gris en tu amargura
el llanto ha marchitado tu hermosura.

Calendarios de nostalgias y romances
murmullos de tu voz son tus lamentos
cuando añoras tus sueños como entonces
ungida en las brumas del recuerdo
evocando los idilios de otros tiempos.

Soñaste dulce amor ser bien amada
y amaste locamente equivocada
seguirán tus lágrimas ahogando
tu voz, el resplandor y tu belleza.

La tarde se hizo gris en tu amargura
el llanto ha marchitado tu hermosura.

Qué triste

Qué triste amar sin ser amado
Cariño desgraciado jamás debe existir.
Qué triste soñar lo que no existe
vivir con la esperanza de no poder amar.

Me engañas y yo mi bien amado
nunca imaginaba que ibas a mentir.
Qué triste, vivir desesperada
vivir en la agonía, por este falso amor.

Qué triste, mirarte ahora de lejos
dejando en mí recuerdos, llorando por tu amor.
Qué triste, pensar en ti mi amado
Sin que me duela el pecho por este mal amor.

Pajarito

Hoy te cumplo las palabras
que hace tiempo prometí
de un gracioso pajarito
que canta y vive para ti.

Ese lindo pajarito
suena mucho como a mí
en el día te visita y
en las noches piensa en ti.

Vuela lejos pajarito
vuela y siempre vuelve a mí
no te corto más tus alas
vuela y siempre se feliz.

Mis palabras son sinceras
mis deseos par ti
llega lejos pajarito
crece, sueña y piensa en mí.

Triste esperanza

Esperanza que no llega
esperanza que se aleja
de mí cada vez más

Mi horizonte se oscurece
y mi vida se entristece
sin llegar a su final.

Muchas veces me parece,
que el dinero no merece
su poder universal.

He sufrido tantas veces
la injusticia que nos vence
pero en fin que puedo hacer.

Seguiré acusando a gritos
sus infamias, sus delitos
pobre y enferma sociedad.

Llena de tantos malvados
Que han vivido del engaño y
De su farsa y nada más.

Hoy

Hoy mis ojos te miraron
y de ti se enamoraron
hoy por eso estoy brindando
hoy por eso estoy bailando.

Hoy le pido mucho al cielo,
por estar enamorado
hoy te pido vida mía
que te quedes a mi lado.

Caminemos por la playa
caminemos junto al mar
nunca rompas mis deseos
nunca me dejes atrás.

Hoy quiero hacerte mía
y me entrego de verdad
hoy te digo con el alma
que soy tuyo nada más.

Hoy te digo que te amo,
y que mañana te vuelvo amar
que aunque pasen muchos años
este amor perdurara.

Vive la vida

Al cesar lo que es del cesar. A **Dios** lo que es de **Dios**
al hombre lo que le conviene
la mujer mucho amor tiene.

Al amigo, un buen consejo. al padre, un buen hijo
al niño un buen juguete
a un viejo un alcahuete.

Al ladrón una ocasión. a un mariachi sus rancheras
la vecina quiere azúcar
el bombero la candela.

Y es que nadie se hace solo
Aunque solo llega al mundo
Necesita el empujón
Un buen chiste y la sazón.

En la tierra todo existe
y no quiero imaginar
que sería de mi mundo
en completa soledad

Por eso amigo ten paciencia
baila y goza hasta el final
que la vida es muy hermosa
y hay que saberla valorar.

El buen ojo

Cuando vayas por la calle
camina con precaución
no sea que te consigas
con las mañas de un ladrón.

Mira siempre hacia tus lados
mira y observa con cuidado
muchas veces en la calle
están los desamparados.

Cuando alguien se te acerque
y te diga q hambre tiene
dale pan para que coma
y no preguntes de donde viene.

No te dejes engañar
Por el falso y mentiroso
que te piden tu dinero
y lo hacen por viciosos.

No hagas que el pobre pague
Por errores de los otros
que se la pasan engañando
y hasta se vuelven famosos.

Madre

Mujer que me viste nacer
con los días me viste crecer
mi ángel eres dueña de mi vida
y por eso no quiero ver tu partida.

Un día tejías mis ropas
ahora tejes mi vida
te amo madre querida
porque nunca olvidas mis días.

Tu instinto me cuida
tu oración me ilumina
oh madre querida
eres la dueña de mi vida.

Si resbalo tú lo sientes
tus deseos me fortalecen
y aun en la distancia
Madre tu nunca desfalleces.

Mi madre me adora
mi madre me guía
mi madre es quien añora
que sea feliz toda la vida.

Mi ángel, mi madre te llevo en mi pecho
y nunca poder pagar, todo lo que por mi has hecho.

Hijo

Como semilla estuviste en mí
grano lleno de bendiciones
creciste poco a poco y
cambiaste mi mundo loco.

Esperé con mucho amor tu llegada
esperé cada hora y segundo
recuerdo que solo deseaba
que hicieras parte de este mundo.

Naciste y te tuve en mis brazos
hijo mío, te bese tanto
perdí mis sueños contigo
momentos que fueron de encantos.

Llenaste mi vida de alegría
Y veía como crecías
eres el amor más bonito
eres la razón de mis días.

Eres el único motivo, por quien yo daría mi vida
Si volvieras a nacer, la historia seria la misma
porque tú llenaste mi vida
de amor, de fe y de alegría.

Te amo hijo mío, mi amor es de verdad
nuestro amor es de **Dios** y por eso nunca se acabara.

La felicidad

Son muchos los que te buscan
muy pocos los que te encuentran
eres como una mariposa
que en nuestros hombros se posa.

Te busque mirando al cielo
te busque pisando tierra
te busque entre las montañas
te busque entre enramadas.

Felicidad estas perdida
estas perdida y alejada
si dijeras en donde estas
yo viajaba y te buscaba.

Unos lloran, otros ríen
mientras posas, de hombro en hombro
pero hay quienes sonríen
aun en tu abandono.

Felicidad tu no conoces
de riqueza, ni pobreza
sea blanco o sea negro
necesita de tu grandeza.

La muerte

Eres lo único seguro en la vida
y aunque muchos te esperamos
nunca avisas cuando nos vamos.

Asociada con la tristeza
asociada con la maldad
eres fría como el hielo
y nos vienes a llevar.

Eres como un avión
que nos lleva a algún destino
boleto que compramos
con las obras del camino.

Hay boletos de candela
hay boletos de primavera
hay boletos que están en blanco
por esos no pagamos tanto.

A todos nos llega la hora
a todos nos llega la muerte
y aunque no es tan evidente
en tu vida está presente.

Mutuo amor

Si mi amor tú valoras
te puedo garantizar
que te amare toda la vida
con pureza y con lealtad.

Si mi amor tú respetas
te puedo asegurar
que mis ojos serán tuyos
siempre en cada despertar.

Si mi amor tú correspondes
te prometo de verdad
que por ti daría mi vida
mis recuerdos y algo más.

Si tu amor es verdadero
el mío te puedo dar
solo quiero que lo sepas
pues no me dejo engañar.

Te extraño

Cada día que pasa
mi vida te necesita
cada día que pasa
mi corazón se debilita.

Pienso y luego pregunto
porque me dejaste sola
dejando todo lo bello
dejando atrás nuestro sueño.

Mis días no tienen sentido
mis días sin ti se mueren
camino ya por inercia
la verdad no tengo existencia.

Tal vez fue la rutina
o tú eres mi medicina
lo cierto es que te amo
y te pido q volvamos.

Consuelo

Te alejaste en silencio de mí, te fuiste y buscaste una amante
ahora otra llora por ti, dejaste que mi alma descanse.

Sufría en silencio mi vida
y en ella todo era agonía
agradezco a la mujer
por quien hoy sanaron mis días.

Me duele que estés junto a ella
pero más me duele tenerte
pues muchas veces el dolor
se alimenta si estas presente.

Deseo que seas feliz
que mejores tu forma de ser
si hoy no estás junto a mí
tal vez otra, te vea partir.

En serio no soy perfecta
Lo acepto no hay perfección
pero por favor no dañes a nadie
después de este corazón.

Saluda tú a mi consuelo
la pobre que hoy te tomo
no sabe lo que le espera
con el hombre que se encontró.

Dos mujeres

Dos mujeres llenan mi vida
dos mujeres nada más
una de ellas es mi guía
y la otra me ha de acompañar.

Dos mujeres son vitales
para poderme levantar
por ellas vivo mis días
por ellas todo es alegría.

Dos mujeres a las que amo
y que siempre estarán allí
aguantando desengaños
enfrentando cada sufrir.

Una de ellas es mi madre
llena siempre de perdón
la otra es mi hija
quien en mi no ve el dolor.

Cuida siempre a mis mujeres
Dios te pido por favor
cuida y siempre ve con ellas
por las sendas del amor.

Putativo

Padre no es quien planta semilla
padre es quien riega la planta
padre es quien recoge frutos
un buen padre yo me disfruto.

Agradezco a mi viejito
al que siempre me rego
vio crecer a sus nieticos
vio crecer y alimento.

Caminabas a mi lado
alineando cada paso
si veías rama torcida
tú le hacías la movida.

Siempre tenías a tu lado agua
para apagar un fuego ardiente
nunca cerraste los ojos
siempre estuviste presente.

Aun te siento en mi vida
te llevo en todos mis días
no importa que pasen años
yo vivo tus alegrías.

¡Lola mire!

Doña Lola venga y le cuento. . . la vecina tiene piojos
y por eso esa mujer, anda con tanto enojo.

Y si mira para el frente, vive y que la gerente
y no tiene otro nombre, que el de una mujer indecente.

Mire Lola para el lado
es Hortensia la ladrona
vende caro los almuerzos
y para el colmo no da el vuelto.

Doña Lola que le hacemos, con la gente de este barrio
solo piensan en molestarnos
y siempre quieren hacernos daño.

Lola. . . ¡mira mija, ponte a pensar!
vive ya la realidad
aquí quien no vive tranquila, es la que no para de chismear. . .

Si guardaras energías, en vez de chismosear
este mundo fuera mejor y creciéramos mucho más.

Anda niña reflexiona
deja a un lado de mirar
gira un poco hacia tu vida
que bastante hay que enmendar.

Mis colores

Amarillo es el sol que te ilumina
blanca la luna que te fascina
azul el mar que te calma
de verde se viste el aire que respiras.

El rojo en tu sangre se ve
por ella estas lleno de vida
de negro se viste la noche
y muchas veces trae derroches.

La vida está llena de colores
las montañas son marrones
y si escalas una de ellas
conoces muchos amores.

Tu vida es como un arco iris
siempre llena de colores
te promete muchas cosas
y te llena de valores.

Después de una tormenta
siempre viene la calma
y aparece tu arco iris
que te alivia todo el alma.

La Droga

Te vestiste de inocente, y mataste a mucha gente
destruiste mil hogares, sin importar cuantos pesares.

Te maldigo hoy y siempre
porque condenas hasta la muerte
tu placer es arruinar
y hasta pones a mendigar.

Entras en el débil y el desamparado
le brindas consuelo con engaño
haces que de ti dependan
el triste y el desesperado.

Fue el diablo quien te creó
maldito también por ello
solo le pido a Dios
que te aleje de mi destino
de vida y de mis hijos.

Amigo piénsalo bien
no te dejes perder en la droga
ésta es como el infierno
te condena y no perdona.

Amigo, escucha ven y aférrate a la vida
no permitas que la droga
se apodere de tus días.

Mis flores

Las mujeres de mi vida, las llevo en mis pensamientos
Rosa, Jazmín y Margarita
son causantes de mis lamentos.

Yo a todas mis mujeres, las lleno de girasoles
pero a Hortensia y a Camelia
les regalo mis gardenias.

Un día corte una orquídea, del jardín de la azucena
la mujer casi me mata
estas flores son verracas.

Mi amigo el doctor Geranio
en mi auxilio la aparto
regalando tulipanes
enseguida la enamoro.

Lo que esta parejita
no sabía del jardín
es que Begonia y Jacinta
lo quería para sí.

Ahora mi amigo el doctor
se encontraba entre tres amores
el tenia que escoger
entre tres bellas flores.

Luna

Muchas veces eres gorda
otras muchas eres flaca
lo cierto es como estés
siempre bella te destacas.

Cuando brillas en las noches
iluminas mis caminos
en ti no hay fallas eléctricas
tampoco pagos de recibo.

Nunca falta el que te pide
una ayuda espiritual
o aquel que te llora mucho
y te dice cualquier discurso.

A los hombres enloqueces
y hasta en lobos los conviertes
muchos creen estos mitos
de locura y de delirio.

Luna bella de mi vida
agradezco a **Dios** tus días
pues no se qué seria
caminando sin tu guía.

Las desgracias y el amor.

Si el titanic se fue a pique
y cayeron las torres gemelas
porque no acabar con este amor
que tan solo me trae problemas.

Si en Japón hubo un tsunami
y en Haití un gran terremoto
porque no dejarte lejos
si no eres más que un mentiroso.

Perdona mis palabras
perdona mi agresividad
pero en ti no hay nada bueno
en que me pueda yo inspirar.

Si me quedo nadaría
en contra de la corriente
es mejor llevar mis días
en cordura y armonía.

Hoy por eso me despido
y no con un hasta luego
debe ser un adiós por siempre
y no verte sino en tu muerte.

Amé sola

El amor que tú me diste
te digo que fue muy poco
brindamos por nosotros
y le diste el valor de un coco.

Fingiste que me amabas, pero con otra te acostabas
es triste mi caballero, pero de mi te burlabas

Agradezco que no seas mi dueño
a **Dios** gracias eres un sueño
dejé ese mundo de mentiras
se acabaron mis pesadillas.

Solo espero que seas feliz
y que a ella no la engañes
mira que en la vida
se paga lo que se hace.

Si te encuentro por allí, hare que no te conozco
si te veo por la vida, correré hacia la salida.

No creas que no quiero
mostrarte todo mi enojo
pero aprendí de indiferencia
y es mejor que la violencia.

Lagrimas

Hoy mis ojos se secaron
hoy mis ojos no tienen lágrimas
se cansaron de llorarte
de sufrir y de esperarte.

Un día mientras lloraba
buenos días me dijeron
y con rosas entre manos
de verdad me enamoraron.

Te agradezco por las gotas
que mis ojos botaron
sin ellas no conocía
el amor del que hoy hablo.

Ya pasaron varios años
ya no vivo en desengaño
ahora soy muy feliz
y la verdad no pienso en ti.

Hoy si lloro es de alegría
de pasión y gratitud
hoy agradezco a la vida
al amor y a tu actitud.

¡Tengo piojos!

Doña Juana como le hago
tengo un grave problemón
estoy que me vuelvo loca
y no encuentro la solución.

Ayer mientras me peinaba
me quede como impresionada
adivine doña Juana
ni se imagina lo que pasaba.

De repente y en mis hombros
tenía un bicho extraño
chaparrito y bien negrito
y hasta atrevido ese piojito.

Doña Juana, hay que pena
yo saltaba y me movía
y la pena me aumentaba
porque a su vez más piojos salían.

Use detergentes, y hasta veneno me eché
también use vinagre, para que vea usted.
Pero nada doña Juana
siempre tengo así sea un piojo
ellos salen de su casa
a cada rato y a su antojo.

Las suegras

Hay suegras que son muy buenas
no se meten en la relación
se mantienen siempre lejos
y la pareja en perfecta unión.

Pero hay otras suegras raras
que no dejan de molestar
siempre andan con el chisme
y no dejan progresar.

También las hay clarividentes
son aquellas suegritas
que te dicen todo
antes de que lo pienses.

Y si buscas un poquito más
te encuentras con una bruja
se meten por todos lados
y hasta te puyan con agujas.

Por eso mi hijo hermoso, te pido de corazón
no me vuelvas suegra mala, te lo pido por favor.

Busca siempre una mujer buena
busca hijo una amiga para mí
no me importa quién sea
siempre y cuando te ame a ti.

Siento

Siento ganas de volar
siento ganas de gritar
tengo ganas de expresar
todas mis ganas de amar.

Siento que la vida es una sola
y hay que vivirla a cada hora
siento que Dios es muy justo
y a todos nos da, así sea un susto.

Siento que puedo ser feliz
pues vivo solo para ti
realmente nunca imagine
valió la pena, lo que por ti espere.

Por eso cada día que pasa
seré para ti la mejor
con mis besos y mis caricias
te llenare con todo mi amor.

Quiero que sepas, que te adoro
y que no voy a despreciar
ni un solo instante de mi vida
esta nueva oportunidad.

Amigo, amante

Me llama por la mañana
me cuenta como le fue
si nos vemos por las noches
él me cuenta sus derroches.

El mejor de mis amigos
esta rodeado de mucho amor
y es que es lindo y muy querido
él anda lleno de ilusión.

Si tan solo, el me mirara
de manera diferente
le diría que lo amo
que lo siento, hasta en mi vientre.

No quiero ser más su amiga
eso causa mucho dolor
recibir de amor sus migas
ya no aguanto esta situación.

Si él no me puede amar
de la forma en que yo lo amo
es mejor no verlo más
y evitarme desengaños.

Amor leal

Creo en el amor sincero
sin barreras, sin dolor
creo en tu amor de hombre
y te llevo en mi corazón.

Vivo la vida pensándote
vivo la vida soñándote
solo vivo amado mío
pensando en cómo alegrarte.

Yo te amere por siempre
todo depende de ti
nuestro amor será infinito
y contigo estaré feliz.

Vivir la vida amándote
me trae pasión y comprensión
solo tu calor amado mío
alegra mi vida hoy.

Contigo quiero pasar
todo el resto de mis días
contigo quiero casarme
te lo juro vida mía.

Etapas

Cuando estabas en mi vientre
yo quería que nacieras
cuando te tuve entre mis brazos
ya quería que anduvieras.

Te veía caminando
y quería que crecieras
te creciste en poco tiempo
y volaste como el viento.

Si pudiera, te lo juro
volvería a aquellos tiempos
en que tu mi hijo bello
querías que te leyera un cuento.

Te digo hijo me arrepiento
por no aprovechar los días
en que eras inocente
y yo tu dulce valiente.

Mujer valiente

Las mujeres son muy bellas
no se escapa, ni una de ellas
y quien diga lo contrario
no hace parte de este escenario.

Escenario en que nacemos
pues mujer te agradecemos
eres tu quien da la vida
eres tu quien da alegría.

La belleza que tenemos
es belleza espiritual
pues quien es más perfecto
que aquel que vida puede dar.

Y si hablamos de las muestras
del amor y del dolor
no hay hombre, que aguante un parto
y después lo vea con gran amor.

Amor y fortaleza

En el mundo hay muchas leyes
que rigen la naturaleza
pero **Dios**, nos da el amor
y lo acompaña con fortaleza.

Con amor tu vida es fácil
con amor eres feliz
con amor nadie te odia
con amor, se llega hasta el fin.

Fortaleza necesitamos
y dolores aguantamos
con fortaleza caminamos
cuando en tiempo malo andamos.

Sentimientos encontrados
que siempre se dan la mano
necesarios en la vida
para encontrar una salida.

La otra

Mi marido tiene otra
y la trata como a princesa
pero a mí que soy la esposa
me regala solo tristezas.

Ella aparece en sus sueños
y la ve como a una diosa
yo seré su pesadilla
mientras él tenga una moza.

No comprendo a estos hombres
inconformes de verdad
pues siempre están engañando
a quien los ama de verdad.

Siempre buscan una excusa
ignorando la realidad
una nunca es suficiente
para quien no sabe valorar.

Deja a un lado tu egoísmo
dame ya la oportunidad
de encontrar a la persona
que me quiera a mí, nada más.

Pasa el tiempo

Mi corazón está llorando
y el tiempo va pasando
mis lágrimas no secan
y el reloj sigue marcando.

A veces me pregunto
el tiempo que pasara
para poder echarte al olvido
y no tener que sufrir más.

Alguien dijo, un buen día
el tiempo sana las heridas
pero nunca dijo cuanto
cuanto, habría de esperar.

Han pasado varios días
yo pensé que sanaría
el tic tac, no es mi consuelo
el no quiere el dolor ajeno.

El mejor amigo

El único amigo del hombre
que nunca le da sermones
te acepta tal como eres
nunca envidia lo que tienes.

Si le dices sal de mi vida
el te espera en la salida
si le dices lo que sientes
no hay a quien se lo cuente.

Para mí no es el mejor
es el único que existe
pues así tú te equivoques
este amigo no desiste.

Los hay de todos los tipos
los hay de varios colores
pero es el único amigo
que te cuida en tus temores.

Me imagino que ya sabes
de quien hablo, en esta poesía
el perro tú buen amigo
que por ti, da hasta su vida.

Los meses y sus hijos

En enero nacen los bellos
en febrero los preciosos
no se queda atrás marzo
que es el dueño de los mansos.

Abril, mes de los hermosos
en mayo nació el buen mozo
y si hablamos del mes de junio
son tiernos y con orgullo.

Julio mes del optimista
en agosto nace el deportista
y les digo que septiembre, es el mes de la perfección
por eso octubre y noviembre, lo acompañan en la misión
de llegar a fin de año, en perfecta condición.

Una vez todos reunidos
van formando el camino
y diciembre los acompaña
con una buena champagne.

Inocencia perdida

De niña miraba al cielo
y en él, las nubes me hablaban
me mostraban corazones
muchos ángeles y bastones.

De niña me imaginaba, que todo era fantasía
que existían los cuentos de hadas
y que los genios, también hablaban.

Hoy que miro hacia mi infancia
recuerdo que era bonito
lamento mirar al cielo
y no ver aquellos motivos.

La inocencia de aquellos tiempos
se va perdiendo en la vida
y con cada desengaño
se va perdiendo una fantasía.

Por eso hay muchas personas
que llegan a hacer maldad
pues tienen más desencantos
que de amor y de bondad.

Hay muchos que se mueren y se llevan sus amarguras
me pregunto si después
su vida tendrá ternura.

A ti mujer

Todo ser humano se equivoca
todo humano sufre derrotas
la vida está llena de defectos
por los cuales perdemos el afecto.

Tenemos derecho a cometer error
pero no por ello, vivir como esclavo
sometidos a la traición
de quien se cree tu dueño y amo.

Parece que hoy en día
corazones han vivido
creyendo que están amando
la verdad están mendigando.

Por eso mujer te digo
que no seas tan conforme
si un hombre a ti te ama
te digo que no te engaña.

y a ti hombre te digo
estarás solo en el camino
si no eres correspondido
es porque así tú lo has querido.

Ladrón de amor

Un día sentí en el techo
los pasos de aquel ladrón
le dije, baja a mí lecho
y te robas mi corazón.

Aquel ladrón empeñado
decidió quedarse arriba
y es que el así sabia
que nada seguro seria.

Caminaba de un techo al otro
regresaba todas las noches
pero el fugitivo no quería
en su vida más que derroches.

Así pasaron los meses, así pasaron los años
el ladrón solo visita, pues no quiere desengaños.

Lo cierto es un buen día
me canse de ser robada
muy dolida y sin su amor
ya tranque mi corazón.

Si quieres volver un día
tendrá que ser para toda la vida
pues no pienso abrir mi puerta
para que después, desaparezcas.

Cruel y egoísta

Ese hombre es lo peor
que mi vida conoció
egoísta siempre es él
reina siempre el interés.

Muchos me lo dijeron
muchos me lo advirtieron
pero estaba ciega de amor
no pude ver por la pasión.

Hoy pago por mis errores
hoy debo ser consecuente
de vivir con este amor
tratando de ser valiente.

Todos los días de mi vida
le pido a **Dios** una salida
que me ayude a estar tranquila
aun en esta mi desdicha.

Locura

Una etapa de la vida
en que algunos nos quedamos
no encontramos solución
a lo que fue una perdición.

Entre gritos y alaridos
demostramos el dolor
que produce nuestro enojo
ante esta situación.

A veces nos llaman loca
otro nombre es demente
sin saber lo que siente
cuando juegan con tu mente.

Son los nervios que traicionan
y es por falta de fortaleza
pues a veces la maldad
se nos llega por sorpresa.

Cuando creas que enloqueces
piensa en lo que más quieres
muchas veces te funciona
aunque en otras distorsiona.

Me alejaste de tu vida

Tanta fue tu insistencia
tu insistencia en que partiera
que hoy no pienso quedarme
aunque vengas a rogarme.

Me dijiste tantas veces, vete lejos de mi vida
me obligaste con insultos, a correr a la salida.

Hoy me voy y sin retorno
solo te quiero decir
siempre te ame con locura
en pago recibí amarguras.

Nunca más en tu vida
habrá tanta lealtad
pues aun en tus malos tratos
siempre hubo fidelidad.

Me despido y te aconsejo
nunca juzgues por pasado
el presente que vivimos
dejo todo eso a un lado.

Y de paso te diría, ten cuidado con la lengua
que al moverla solo dañas
todo pacto y toda tregua.

La elegancia

La elegancia es muy bonita
no se le puedo negar
pero hay quienes se equivocan
y a otros quieren opacar.

La elegancia está presente
y siempre viste bien a la gente
la belleza de su encanto
la pureza de su canto.

Porque no es elegante
el que dice ser decente
elegante es aquel
que es humilde y prudente.

La elegancia que desnuda
que critica como estás
hace parte de la duda
y no te deja progresar.

Mira siempre hacia delante
viste para el mundo elegante
no solo con un vestido
usa tu mente brillante.

Tomasito

Tomasito es un negrito
que vive siempre preocupado
él nunca ha tenido novia
él se afana demasiado.

El negrito siente pena
su color es su condena
sin saber que en el amor
solo manda el corazón.

Tomasito no se atreve
a ninguna a enamorar
pues las niñas de hoy en día
solo buscan un galán.

¡Hay negrito!, si supieras
que hace falta corazón
este mundo está perdido
ya ni vemos el amor.

No te aflijas mi negrito
pronto a ti ah de llegar
una niña dulce y tierna
que te ame de verdad.

Huguito

De repente y escribiendo
se posaron frente a mí
unos ojos bien picaros
me mostraron que decir.

Es un niño, un terremoto
un tornado, o huracán
pobrecita la mamita
de este fenómeno natural.

Este niño tiene nombre
lo llamamos por Huguito
pero con pocos sus añitos
más de uno esta loquito.

Huguito nunca está quieto
él siempre tiene un reto
ni siquiera cuando duerme
porque hasta los sueños revuelve.

Huguito yo te amo
hijito mío de verdad
pero cálmate un poquito
porque hay que descansar.

El cisne

Él cisne un ave hermosa
de todas la más glamurosa
esta vestida de blanco
mostrando pureza y encanto.

Existe en los cuentos de hadas
se muestran como princesas
pues solo esta ave refleja
amor, ternura y nobleza.

Si te encuentras con un cisne
préstale mucha atención
sus encantos, su plumaje
su tristeza y su emoción.

Ave linda de los lagos
iluminas a tus lados
con tu color radiante
vistes siempre elegante.

La creación

Como es posible no creer en Dios
como es que eres ciego, ante tanta perfección
quien te dice que Dios no existe
a la verdad el pobre se resiste.

Solo mírate en un espejo
mira un poco hacia el pasado
es posible que hallas evolucionado,
sin que el creador, te haya tocado?

Pues no creo que haya método
para tanta perfección
pues los métodos y la ciencia
están muy lejos de tanto amor.

Nunca alguien ha creado a un hombre
como a éste lo ha creado Dios
pues el hombre, que a hombre crea
siempre traerá frustración.

Y aunque esto no es posible
hay muchos locos por allí
que como Dios quieren crear
y no lo pueden conseguir.

Mal recuerdo

Caminando por un parque, un día te conocí
nos miramos fijamente y entonces suspire por ti.

Ese día vestías de blanco
a tu lado un perro llevabas
nunca olvido que dijiste
que conmigo te casabas.

Caminando por ese parque
conociste a tu amante
a ella también dijiste
que sería tu acompañante.

A ella solo le digo
que tenga mucha precaución
pues desde aquel momento
fuiste solo mi destrucción.

Eres hombre mujeriego
te mereces lo peor
pero pagaras con creces
el burlarte de mi amor.

No soy mujer vengativa, hasta el bien deseo a la gente
pero de la justicia divina, no te salvas ni en la muerte.

Giros

Un día entraste a mi vida
yo, no tenía conciencia
te burlaste de mi vida
yo no tenía salidas.

Te alejaste de mi vida, no miraste que crecía
por cosas del destino, un día me buscarías.

Nos dejaste al olvido
sin pensar en el dolor
que dejan los desengaños
sin mirar generación.

Hoy soy consciente y veo
que tengo muchas salidas
lástima que tu Papá
no formes parte de mi vida.

Sigue, sigue tu camino
nunca mires hacia atrás
porque soy yo quien digo
valió la pena esperar.

A mi madre le agradezco, los caminos que buscó
el amor de padre y madre
que sin tener opción me ofreció.

Tu amor fue un juego

Hola cariño como estas
seguro te es difícil saludar
entiendo que tengas vergüenza
pues te burlaste de mi nobleza.

No te preocupes lo superé, llore bastante, pero lo logre
ahora te miro a los ojos, ya no siento tu abandono.

Sentí la necesidad de verte, poder comentarte algo urgente
que aunque jugaste con mi vida, **Dios**, siempre estuvo presente.

Te cuento que sano mi corazón
te digo que se borro todo el dolor
ahora te miro de frente
pido a **Dios** siga presente.

Presente en todos tus días
para que no juegues más
con el amor de las personas
y que vuelvas a dañar.

Tu amor fue un juego, lo se
espero que no vuelva a suceder
porque yo luche con fortaleza
quizá otra no lo haga y perezca.

Ladrón

El amigo de la ocasión
así le dicen algunos
está el que va a la enfermería
porque tiene cleptomanía.

Los términos son variados
el resultado es el mismo
como te descuides amigo
ellos te quitan lo mínimo.

También les cuento que son roedores
pues a éstos hombres ladrones
los llaman ratas y hay montones.

Unos roban por necesidad
otros, por experimentar
lo cierto es que cada día
esta plaga crece más.

Ayudemos a este mundo
formando niños decentes
para que en el día de mañana
no tengamos delincuentes.

Tic tac, tic tac
no se cansa de sonar
tic tac, tic tac
nunca para en su andar.

Pasan horas y segundos
el sigue marcando puntos
pasan días, pasan años
el no siente desengaños.

El reloj no es gran amigo
si lo sigues, envejeces
pues si para el de tu casa
el de al lado siempre marca.

El reloj es un buen aliado
es aliado con el tiempo
ambos corren muy aprisa
es en serio y no da risa.

Este par de estafadores
nos dejan cosas hermosas
recuerdos de los amores
de los hijos y muchas cosas.

Amor sufrido

Cuando quisiste conquistarme
me tratabas como a una reina
ahora que lo lograste
me tratas como a plebeya.

Cuando querías que te amara
todo el tiempo me enamorabas
ahora que yo te amo
solo encuentro desengaños.

El amor que más quería
hace tiempo entro en mi vida
el efecto duro poco
ahora todos nos llaman locos.

Sufro mucho por este amor
solo quiero la solución
o me amas como antes
o te largas con tu amante.

No quiero ser tu juguete
no me trates como muñeca
mi amor está sufriendo
y tú solo estas huyendo.

El amor y el odio

Dicen que del amor al odio
no hay mucho que caminar
sin embargo, yo les digo
equivocados están de verdad.

Para odiar a quien se ama
algo grave debe pasar
y aun en desengaños
es difícil olvidar.

Olvidar aquellos besos
y los días de pasión
para poder odiar de veras
necesitas más que razón.

Es mejor la indiferencia
es mejor que llegar a odiar
porque si odias siempre recuerdas
lo mucho que llegaste a amar.

Este par son sentimientos
en que manda el corazón
por eso nadie se mete
ante esta situación.

Ilusión

Llegaste un día a mi vida
apareciste como un espejismo
tu apariencia era bella
te veías como una estrella.

A mi espíritu y mi conciencia
ese día los cautivaste
con encantos y tu belleza
de inmediato me enamoraste.

Con la esperanza que me diste
mis deseos destruiste
era alegre y tú mentiste
fue ilusión lo que ofreciste

Hoy mi mente te busca siempre
te busca por todas partes
lamenta al llegar la noche
el no poder encontrarte.

Si volvieras solo un día
y aclararas tú mis dudas
dejaría esta locura
la ilusión y la amargura.

El alcohol

Destilación de vino o licor
tal vez zumos fermentados
la verdad me tiene sin cuidado
son los mismos resultados.

Aguardientes casi todos
y los llaman de otro modo
por ejemplo si es un vodka
a los rusos les provoca.

Si es un brandy o un coñac
en Francia gusta más
si es regalo de escocés
un buen whisky puede ser.

También hay tragos de ron
selectos en estas especie
pero a mí me gusta el vino
el blanco, de uva y tinto.

A todos les ofrezco mi coctel
también sugiero que no se pasen
porque el alcohol en exceso
puede ser un gran desastre.

Mi amor en la distancia

Hace un tiempo nos separamos
quiero que sepas que te amo
que a pesar de la distancia
mis sentimientos nunca cambian.

Eres lo más precioso
que **Dios** asignó a mi vida
por eso en mis oraciones
siempre estas desde ese día.
Lamento lo sucedido
quisiera devolver el tiempo
traerte de nuevo a mi lado
y olvidar así el pasado.

Si la vida me concediera
un buen día tres deseos
te prometo que uno de ellos
seria devolver el tiempo.

El deseo número dos
por supuesto que no te alejes
el tercero que me ames y
te quedes para siempre.

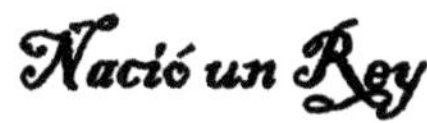

Belén está de fiesta
pues ha nacido un **Rey**
y no es un **Rey** cualquiera
pues ve a **Dios** quien él quiera.

Jesús el Cristo nació Y el rey Herodes se turbo
Tan grande fue su furia, que lo quiso asesinar
Pero **Dios** hablo a José, A quien puso por Papa.

Herodes fracasado, mando a matar bebés
Sus madres solo lloran, Por culpa de un mal rey.

Jesús hijo de Dios, Es amor y Espíritu Santo
Por el se llega al **Padre** No te demores tanto.

El día en que **Jesús** nació del oriente vinieron magos
Le ofrecieron sus tesoros, entre ellos mirra y oro.

Jesús puesto en un vientre, Nació del **Espíritu Santo**
Llamo a su madre María, Instrumento de mucha alegría.
De su infancia no se sabe, estaba en casa del **Padre**
Hasta el día del Bautizo Pues **Dios** así lo quiso.

Jesús es tentado

Jesús en el desierto tuvo sed y mucho calor
Ayunó por mucho tiempo, y el enemigo lo tentó

Le dijo si eres **Hijo**, el **Hijo de Dios** el grande
Come Tú de esta roca Y se te acabara el hambre.

Jesús que fue muy sabio y conocía la maldad
Le respondió enseguida al diablo, escrito en la **Biblia** esta.

Satanás siguió tentando y le llevo a la Santa Cuidad
En donde le dijo, échate abajo y tus ángeles te salvaran,

Jesús volvió a responder, que a **Dios** no hay que tentar
Y que esto en su palabra, escrito también está.

Como todo mal perdedor el diablo siguió insistiendo
Y esta vez le ofreció el mundo y todos sus reinos.

Bienaventurados

No estés triste mi hermano
si eres pobre en espíritu
porque **Dios** te ha dado un regalo
el cielo y su reino te ha donado.

Si estas llorando en el día
si estas llorando de noche
si tú siempre estas llorando
mi **Señor** te estará consolando.

También dice la **Biblia**
que si eres hombre manso
tuya es la tierra
gracias a tus actos.

Si tu vida es hacer justicia
entonces descansa en Dios
porque el P**adre** también es fuego
él es fuego consumidor.

Si en tu vida hay misericordia
ésta misma recibirás
Porque el **Rey** es Juez justo
Y de nadie se olvida jamás.

Bienaventurados los que tienen
Limpio su corazón
Porque **Dios** ama a sus hijos
Y los llena de perdón.

Aquellos que pacifican
Serán llamados sus hijos
Y quienes por el son perseguidos
Grandemente serán **bendecidos**.

La Ley

Si te enojas con tu hermano
Jesús te culpa de juicio
Y si a este le dices necio
Será para tu tropiezo.

Si le ofreces algo a **Dios**
Debes de estar en paz con el
Si de pelea estas con tu hermano
Esa ofrenda se queda en tu mano.

Oíste que fue dicho
Es malo el adulterio
Jesús en su ley explica
Que solo mirar aplica.

Si a tu mujer quieres dejar
muy bien lo debes pensar
pues ustedes son dos en uno
escrito por siempre está.

Amigo no jures por nada
Porque nada puedes crear
Y es al dueño de la vida
a quien debemos respetar.

No jures ni por el cielo
no jures ni por la tierra
porque **Dios** es el creador
de la vida y de esta esfera.

Responde con un simple si
responde con un simple no
no comprometas a **Dios**
y a todo lo que el formo.

Si aplicas ojo por ojo
si aplicas diente por diente
más bien está pendiente
de hacerle el bien a la gente.

Si te dan en la mejilla
coloca también la otra
no sea que pierdas vida
no sea que te equivocas

Ora por tu enemigo
Jesús lo manda en su ley
y te explica que si llueve
todo el mundo lo puede ver.

Si amas a quien te ama
nada en **Dios** estas practicando
pero si a tus enemigos amas
hermano, el cielo te estás ganando.

Padre nuestro

Si das una ayuda hoy
es mejor no decirlo a nadie
no hagas tocar trompeta
bueno es que nadie lo sepa.

Si tu ayuda es en silencio
has pagado un buen precio
tu **Padre** que está en el cielo
ha visto lo que has hecho.
Y si oras, ora muy bien
como agrada a nuestro **Padre**
no repitas y repitas
lo que tanto necesitas.

En la **Biblia Dios** enseña
Como debemos orar
y es un Padre Nuestro
el modelo para con el hablar.

Oréis así…

Padre Nuestro que estás en los cielos, Santificado sea tu nombre. Venga a nosotros tu reino. Hágase tu voluntad, como en el cielo así también en la tierra. Él pan nuestro de cada día, dánoslo hoy. Y perdónanos nuestras deudas, como también nosotros perdonamos a nuestros deudores. Y no nos metas en tentación, mas líbranos del mal; porque tuyo es el reino y el poder y la gloria, por todos los siglos. Amén.

Nuestro **Padre** nos conoce
él sabe nuestro andar
pues él nos puso en el vientre
y nos enseñó a caminar.

Sí te vio desde tu vientre
como puedes hermano dudar
de que Dios está en tu vida
y que él te puede ayudar.

Ya lo sabes bien mi hermano
como es que le agrada a **Dios**
solo entra en tu aposento
Él te escucha en tu silencio.

Regla de oro

Con la vara que tú midas
también te van a medir
así que no juzgues más
y no tendrás el mismo sentir.

Porque miras la paja
en el ojo de tu hermano
más bien mira la viga
que hace parte de tu vida.

Hipócrita. Si no vez bien
porque tu ojo está fallando
como puedes tu sacar
lo que a él, está atormentando.

No tires con tus pies
lo que has hecho con las manos
no dejes que tu lengua
dañe obras de hace años.

Pide al cielo y te darán
busca a Dios y lo hallarás
porque todo aquel que llama
el Señor responderá.

Practica siempre la regla
La regla de oro y uno
como quieras que te traten
trata por siempre al mundo.

Milagros

Los milagros si existen
existen en **Jesucristo**
el sana a todos sus hijos
los perdona y los vuelve limpios.

Dios sano a muchos leprosos
también sana a los enfermos
Jesucristo solo hablaba
reprendía y se curaban.

Hubiese querido ver
como era mi **Señor**
si con solo al pensar en el
se me alegra el corazón.

Hubo un paralitico
que a **Jesús** su mal confió
sus pecados perdono
que tan grande es el **Señor.**

Viva siempre mi **Señor**
que viva por siempre el **Padre**
jamás en la vida hay otro dios
a quien pidas y te sane.

Porque **Dios** es milagroso
porque **Dios** es **Bendición**
descansa hermano en **Él**
y tu milagro has de obtener.

Los Apóstoles

Elegidos por el mismo **Dios**
a doce hombres escogió
Discípulos los llamo
Apóstoles los volvió.

Les dio la autoridad
para salvar aquí en la tierra
sacar a los demonios
y quitar toda dolencia.

Simón llamado Pedro
quien tres veces lo negó
pero también amo a **Dios**
por eso lo perdono.

Andrés, hermano de Pedro
fue otro elegido por **Dios**
tuvo dones y talentos
su vida por siempre cambio.

Jacob y Juan su hermano
Felipe y Bartolomé
ya van seis hombres sabios
a quien **Dios** les dio el poder.

Tomás un personaje
que nunca creía en nada
Jesús le mostro sus manos
y le dijo créeme hermano.

Mateo el publicano
cobrador de impuestos era
dejó todos sus bienes
por seguir a **Jesús** y a sus fieles.

Jacob hijo de Alfeo
Lebeo llamado Tadeo
Simón el cananista
y Judas materialista.

A Judas el Iscariote
le Toco la peor parte
entregar a **Jesús** con un beso
y luego tener que ahorcarse.

Estos son los doce apóstoles
escogidos por el **Padre**
De último vino Pablo
quien nos deja un gran mensaje.

Porque **Dios** es **Dios** de todos
y con Pablo demostró
que él nos ama siempre a todos
Así le causemos dolor…

La Triunidad

El trio más bello del mundo
de hecho lo más hermoso
nombrando primero al **Padre**
Creador y todopoderoso.

Te amo mi **Adonay**
Te amo mi gran **Yo soy**
Te amo mi **Dios** de dioses
Te amo mi gran **Señor.**

Porque eres el **Dios** de Abraham
Porque eres el **Dios** de Jacob
Tú que abriste el mar a Moisés
y de Daniel apartaste al león.

Con el tiempo y para salvarnos
entregaste lo más preciado a ti
tu hijo nuestro **Mesías y Rey**
quien su vida dio entrego por mí.

Jesucristo mi gran amor, te amo mi salvador
que sería de mi vida, sin esta oportunidad
en la que tú eres protagonista
y yo me puedo salvar.

Y cuando partiste de la tierra
vino aquí un consolador
tu **Espíritu** majestuoso
lleno de todo el amor.

Ahora todos lo buscan
muchos desesperadamente
Pues en quien mora el **Espíritu Santo**
en la felicidad y amor permanece.

Gracias mi **Padre** Amado
gracias mi **Rey** de reyes
gracias mi **Espíritu Santo**
por permanecer en tus hijos presente.

Conclusión

Aquí culmina esta historia
La vida es una poesía
Si leíste todo hasta el final
Amigo lo pudiste comprobar.

Cada quien tiene poesía
Cada uno tiene su vida
Unos tienen alegrías
Para otros es aburrida.

Aquí encontramos los detalles
incluso para los que en Cristo están
para todos hay historias, poesías que contar
espero en **Dios** por tu aceptación
y que la vida es poesía te sirva de inspiración.

Biografía

Nací el 9 de septiembre del año 1979, hija de Lucy Mendoza y Alfonso Rovira, enamorados casados y separados el mismo día de su boda, crecí en el barrio las palmas sobre la popular carrera 8 criada por mis abuelos los cuales me dieron todo de lo poco tenían , estudie la primaria en una escuela llamada la 13 mixta y la secundaria la termine en el Instituto Técnico de Comercio institución a la que le agradezco mis principios, valores y educación, me comprometí a corta edad y tuve a mi primer gran amor y tesoro como le llamo siempre, me separé después de 16 años y me volví a comprometer en una unión de la cual tengo 2 hijos hermosos ahora tengo tres príncipes, tres amores los cuales serán fieles y eternos para siempre, los intereses de escribir los herede de mi abuelo materno quien falleció y hoy me inspira desde el cielo.

Atentamente;
Lucy Rovira Mendoza
Escritora Empírica...

Printed by Books on Demand GmbH, Norderstedt / Germany